WÄR ICH EIN SEEHELD

© 2001 Jung und Jung, Salzburg und Wien
Alle Rechte vorbehalten
Satz: Fotosatz Rizner, Salzburg
Druck: Friedrich Pustet, Regensburg
ISBN 3-902144-19-X

KLAUS REICHERT

Wär ich ein Seeheld

GEDICHTE

JUNG
UND
JUNG

Der Löwe besteht aus anverwandeltem Hammel.

Paul Valéry

VOR MORGEN, FLÜCHTIG

Der leiseste Kuß
an die Scheibe – Schnee.
Schnee, der dich weckt,
hättest du lichteste Ohren.

Ein Stern. Sterne.
Wie geträumt,
was hätte sein
können –
himmlisches Erdmaß,
unerschöpft
wie dies Licht –
der Kristall.

Das Gegenteil
eines Echos.

Schlaf.
Schlaf nur.
Tropfenbahnen
verwischen die Wunder
der Geometrie.

FIAT

Nach dem Jehih,
nach der Ordnung der Namen,
das soviel längere
unbeschriebene Blatt.

Geschiebe, Gebinde, bis vielleicht
ein Planet sich findet, ein Meteor,
der einschlägt oder auch nicht,
Querwanderer, Lichthaber, Lied.

FÜNFTER TAG, NACH TINTORETTO

Wie du fliegst, Gott, rot
über die Rebhühner
und das fischreiche Meer,
sprichst nicht mehr,
zeigst

den wie an Strippen
gezogenen einen Weg
Richtung Westen,
der am Bildrand
abbricht.

Danach
zu denken die
alte Geschichte. Gut,
meinst du.
Gut.

PRÄLUDIEN

Wenn der Kiosk öffnet,
klammert die Frau das Neueste
an die Halterungen, daß
kein Wind es zerfleddert.

So fing es an: Kraut
und Gras, Fische, Vögel,
Vermischtes, dazwischen Himmelskörper,
festgemacht in der Ordnung der Woche.

Überschriften, Schlagzeilen.
Noch keine Echos, woher denn.
So ist es gut, bis
morgen.

IM ANFANG

Erst die Augenblicke gezählt
und jeden Augenblick
deinen Namen wiederholt,
als hieße alles Geschaffene Du,
die Steine, die Gräser, der Tau.
Die an den Himmel gehängten
Gestirne gezählt und gezählt,
und dein Name hieß »Da«
und war Feuer und Braus
jenseits der Wörter.

Die Augenblicke gezählt,
mitgezählt
die Leere zwischen den Sternen.

Augenblicke gezählt,
gezählt,
bis dir deine Vertreibbarkeit aufging,
daß da Unterschiedenes ist,
andere Zählweisen,
Arten zu atmen
draußen vorm Garten.
Nicht-Wiederholbares.
Zahllos.

Die Narbe Glück
wächst mit.

TOBIAS' HÜNDCHEN

Es war immer dabei
auf deinem schweren Gang
durch die Wälder, die Wüsten.
Hinter dir, vor dir,
zottiges Seelchen,
das dich immer verstand,
mit den Sequoiafarben-Augen,
als wüßten sie
eine Ewigkeit.
Der Engel auf manchen Bildern
war nur seine andere Form.
Und so diskret,
wie es erschienen war,
war es dann nicht mehr da.

DIE DEZEMBERÄSTE sind auf den Himmel gedruckt
wie die Adern auf einer dünnen alten Hand.

Durchs Heckenskelett senst von jenseits der Eiswind,
der den Gräben die Fröste verspricht.

Wie der Bub, an den ich manchmal denke,
wüßte ich, weiß, wo es langgeht.

DER KLEINE JUNGE, der du einmal warst,
in schwarzem Zeug, den Fäustlingen,
und schwärzer andere Schatten
über den endlosen Schnee.

Der kleine Junge, an der Hand gezogen,
weil er da trödelte
am Eis, an einem Flitzebogenstock,
am mißverstandenen Lametta.

Der kleine Junge sah die Schatten rasen,
verstand nicht, was da flog, warum
die Hand ihn in den Graben riß,
warum ihn vielleicht fror.

Der Schnee flog auf,
wo er noch eben erst gestanden,
es heulte aus dem Innersten von Tönen,
die Hand da ließ den kleinen Jungen los.

AUF SCHUTTKEGELN

Einsatz mit Bäumen
in der ausgelegten Landschaft –
Schnee, fleckig.

Die Äste stehn noch wie erstarrte
Pinselhaare, dieser schwarze
Aufstand gegen die Fläche.

Dabei rauchen die Gipfel,
übersetzt sich im Bach schon das Eis.
Schnuppern, Lauschen, wie im Tauen

hingetuscht, Vorhandenheiten.

MÄRZ

Von vorn die Stürme, dieses Sprießen,
von vorn die Laiche in den Tümpeln,
von vorn der Nachmittagskoloß
der wieder längeren Tage.

Daß es genug gewesen ist,
die Hoffnung scheint vergessen.
Von vorn das Möglichkeitsgetu,
als könntest du entscheiden.

Von vorn hat er sich nie gezeigt,
ein Mineral des Immer.
Der Rücken scheint am Sinai.
Er denkt sich andere Welten.

VORFRÜHLING

Ein entblößter Leib das Dreieck Schnee
zwischen gespreizten Zäunen.

Fahrspuren auf der heilgewesenen Haut,
Gestrich, gestrig. Wie die Herzlinie

in einer Hand bricht eine ab.
Mann und Frau von hinten nebeneinander

gehen wie schreitend vor sich hin,
als quaatschte unter ihren Schuhen nicht der Matsch.

Echos von Drohungen
die nicht durch Laub vertuschten

Gestalten der Bäume. Spuren von Grün
aus einem anderen Bild.

EMILYS SCHRIFT

Wie die Erinnerung nach vorn,
bevor es war geschaffen,
das Gras, noch jeder Halm für sich,
ein einzelner Gedanke.

Die Hand wirft Unerlesenes hin,
verhoffte Signaturen,
als Übungen vom Anfang her,
Vorschläge, Korrekturen.

Erinnerung, wie Wind, wie Gott,
hat Rück- und Vorderseite
und stürzt vorbei, die Zeilen fort,
ein Kandidat des Heute.

TRANSLATIO

Andere Lautwege gehen,
andere Atemwege –
auch die Prioritäten
werden sich ändern, die
Zäsuren (eigentlich:
das Abgehauene).

Was sich da einzieht,
was sich entlädt –
die Wendungen
ahnst du kaum und
weißt sie schon immer.

Übertragene Reiche,
endliche Möglichkeiten,
endlich,
wie es da pocht, tropft, lockt
aus dem Morgen.

Hörst du
das ungeschiedene Da, die
noch und noch
geschöpfte Luft?
Hörst du den Frühling?

Das Scheppern der Märzenbecher –
rasselnde Selbstlaute.

DREILÄNDERECK, BANJAS

Cyklamen, Turbanbutterblumen,
die endlich gefundene
blaue Blume
an den Hängen des Hermon:
Scyllahyazinthe.

Duftgänge, Hörgänge –
und sieh: es
blüht vor dir her,
wie es geschrieben stand.

Unten
ein quirliges Rauschen
im panischen Holz,
wo die Nymphen immer noch kichern.
Quellgeister auf schlüpfrigem Grund.

Saumpfade
durch die Schrift
in vermintem Gelände.

MAI

Du, behängt mit den Wörtern,
aus der Schwarzkunst des Winters geschlagenen,
uralte Erbstücke, die
schon andere schmückten –
neu gefaßt, blitzend,
als zählte nichts
als die Drechslerkugel des Schneeballs.

Du
bist woanders.
Im nicht gehörten Schritt
auf dem Kastanienblütenteppich,
wie der zu hohe Flieder
gerochen haben könnte,
bevor er rostete,
in der nie gesehnen und vielleicht
bestäubten Blüte.
Mai heißt: wäre, könnte, möchte.

Du, behängt mit den Wörtern –
aber wer hat wenigstens die,
bevor sie kommt,
die kalte Sophie.

NUR an einem
Ort, zu einer
Stunde
das Gedicht
(»ja, ich knie vor meiner Maschine«),
das Trompetenwort Du,
unterm Galgenbaum
die Alraune
und der lunarische Hund.
．．．．．．．．．．．．．．．．．．．．．*für f.*

DICHTERINNENLEBEN

Als Gastgeberin eher gefürchtet,
denn sie würde sich immer einen herauspicken
und zum Gespött der Tafel machen.
Niederträchtig auch gegenüber den engsten Freunden,
falls es sie gab, dazu
Antisemitin, obwohl der eigene Mann undsoweiter.
Als sie einmal einer Gruppe Debiler auf der Straße
    begegnete,
fand sie, solches Leben gehöre ausgerottet.

Dabei von unglaublicher Befangenheit,
auch nur einem einzigen Falterflügel
literarische Kontur zu geben.
Mit huschendem Stift dem Flüchtigsten nachjagend,
horchte sie ab, wo die eigenen Sätze sie hinführten,
sie (sich) ständig unterbrechend durch Semikola,
die wie griechische Fragezeichen
in den Texten stehen.
Aufgelöst von den Blicken der andern
das, was sie schrieb.
Beschlagen im Wahnsinn wie keine.

Dabei nicht ohne Sinn für Praktisches,
zum Beispiel wenn sie an dünnem Arm
die zu ergänzenden Bleitypen
der Firma Caslon nach Richmond schleppte
oder sich die Taschen
mit Steinen beschwerte,
damit sie nicht wieder hochkäme
im River Ouse.

DEGAS, PORTRÄT DER MME. OLIVIER VILLETTE

Verwischte Hintergründe.
Gelbtöne
mit Andeutung von Häusern.

Wenn der Blick nach links geht, westwärts,
werden die Dinge klarer,
rechts, wo wir herkommen,
ist die Leinwand unlesbar.

Schwarzhaarige Frau
mit leicht dunkler Haut
am Fenster, abgewandt
von dem, was sie hinter sich hat.

BILD EINES DICHTERS

Lustschreie bringt er nicht,
Klaus Zettel, der Weber, als Esel,
wahrt, was er für Form hält,
auch gegenüber dem Flüchtigsten,
Spinnweb, Bohnenblüte. Titania
in petto oder tiefer.

Als Wunschmechanist
der Erfinder des Löwen als Nachtigall,
der sprechenden Wand,
aber erst als Esel
eigentlich bei sich –
übersetzt.

Seine Möglichkeitsformen
die Abbrüche,
bodenlos, grundlos,
oder Abstürze in Unverständlichkeit,
wenn er singt.
Maßlos anderwärts,
schriftenlos.

Statt Deutungen Setzungen wie:
»Ich, Pyramus,
bin nicht Pyramus.«
Zwischendurch liegengelassen
als Rest
aus anderer Leute Traum.

COLON

Wär ich ein Seeheld, es ginge
über die Punkte hinweg,
die Kommaschläge, die Sprachen
und über die murrende Mannschaft.
Der Atem zählt anders.

Langzeilige Tage,
wenn die Zeit hält
und das Immergleiche wie stillsteht.

Das Kinderwissen,
daß jedes Neufundland erreichbar und wieder vergeßbar,
alles mit allem verknüpfbar,
der Prophet im Wal mit der Taube
und die mit dem neuen Tag, die
mit dem Atemschlag,
eins aus dem andern.

Dann
kurze Stöße,
gepreßt,
aus dem Bauch,
aus dem Grimmdarm,
vom Horizont her –
Land, vielleicht Inseln,
der angehaltene Atem.
Pause. Übergang.

Wär ich ein Seeheld, die Welt
wär woanders,
umbestimmt
Umfang und Mitte.

Sommer 1940, Photographie

Ein kleiner Bub steht am Rand einer Wiese in einem Garten. Dahinter ein Weg, dahinter Büsche und Bäume. Die Äste des Lebensbaums reichen bis zum Grund. Seine Blätter sind weich wie Schnee.
Der kleine Bub ist ganz in Weiß – weißer Sonnenhut, der durch die hochgeschlagene Krempe wie ein Halo wirkt und das spitz in die Stirn über hochgezogene Brauen gekämmte Haar sehen läßt; weißes, kurzärmliges Hemd, weiße Spielhose mit Trägern, weiße, etwas heruntergerutschte Kniestrümpfe mit weißen Bommeln an den Seiten, weiße Schuhe. Warum ist der kleine Junge so eingepackt, so säuberlich?
Er steht hingestellt da, aufgehalten, beobachtet, also linkisch, x-beinig, »äbsch« hieß das auf hessisch. Die rechte, die »schöne« Hand hat er fest auf dem Rücken. Nein, er wird sie nicht geben. An der linken hängt vergessen der Sandeimer.
Der Blick geht aus dem Bild hinaus, vielleicht fragend, ratlos oder nur verwundert in einem freundlichen, hellen Gesicht. Die Nachmittagssonne wirft einen zeilenscharfen Schatten von dem Buben auf das Gras vor dem Weg. Chamois matt, Büttenrand.

GROSSMUTTER

Hast deinen Flieder geschnitten
und in der Vase geordnet,
der hohen aus Suhl,
in der er am prächtigsten ausschaut,
hast dich fein gemacht
und das Silber geputzt für die Feste,
hast dir die Fleischmarken
vom Mund abgespart,
daß manchmal was Rechts auf den Tisch käm
wie in der alten Zeit,
hast geschaut, wo es was gäbe,
gewußt, wo es was gab,
gewußt, daß du wissen könntest.
Hast weggeschaut.
Hast deinen Flieder geschnitten,
für die hohe Vase aus Suhl.

DA WAR EIN JUNGE, wartend, daß etwas passiert.
Da waren Blüten, die nicht platzen wollten,
der Pfeil am Flitzebogen, der nicht flog,
der Stock zu naß, die Hölzer, oder trocken.

Da war, hieß es, der tote Engländer im Zaun,
vielleicht auch nicht, sein Silberflugzeug lag nur da,
zerknäult, als wärs Papier. Ist nichts passiert.
Das ist der Krieg. Normal. Komisch, der Krieg.

Die Essen kerzengrade in den Himmel,
die Haufen drunter rauchten noch nach Tagen.
Das war nur wieder anders und dann ganz normal.
Der Junge wartete, daß was passiert.

SOMMER 1945

Juli, glücklichste Tage –
Levkojenmeere und die Flut der Rosen
in den zerbeulten Eimern,
darüber ein Hauch Kölnisch Wasser
und die Großmutter
im geretteten Organzakleid.

Mit der zähen Leichtigkeit
einer, die weiß, daß es gelingt,
schlägt sie den Schnee,
knetet den Teig
aus Nichts
im Mittelpunkt der Welt.

Die Frühäpfel so groß,
daß die Augen davon größer werden –
eine erste Ahnung,
bevor es das Wort gab,
von Sünde.
Versteck gespielt

in den Büschen und verbotenen Bäumen,
in dem noch rauchenden Chaos: Wo
bist du? Alles
lag vor dir. Hinter dir.
Ungefunden. Glück
wie das Klick von
zwei Murmeln.

MUTPROBE

Alter Schuppen, alte Liebe,
hinter Hollerbüschen versteckt,
Brennesseln, Bärlauch
und die versperrte Tür.
Die Hacken und Spaten
mit den festgewordenen Spuren
des Frühlings, des Herbstes.
Gestapelte Blumentöpfe, Gartenlauben,
die geretteten Hempels-Klassiker
wasserrandig, angeschimmelt,
in Muster zerlegt von den Mäusen.
Heimliche Schritte
unter der morschen Leiter durch
zu den zwei Paar
goldenen Engelsflügeln,
abgelegt
Jahre vor meiner Zeit.
Schneidend
das Licht durch die Ritzen.
Und mittags weht vom Kompost
der Stallgeruch des Himmels.

UMSONST
bist du kein Mörderkind –
den Satzbau der Rechtfertigungen
hast du spielend erlernt:

die Möglichkeitsformen der Vergangenheit,
das Sprechen neben dem Sprechen.
Geduckte Umwege,
angebellt von jedem Hund.

In den Abersätzen die
Echos von Niemands Stimme.
Schweigepausen. Das sich Heran-
lügen an die Wahrheit.

Antworte. Antworten
auf nicht gestellte Fragen.
Von Seitenblicken getroffen
wie die einstigen künftigen Opfer.

Gemurmelt:
morgen, morgen und dann wieder morgen,
bis zur letzten Silbe
der mitgeschriebenen Zeit.

ES IST EIN GARTEN, zugeschnürt
wie die Sandale,
mit der du aufs Gebröckel
der Wüste trittst,
unter dem die Skorpione schlafen.

Es ist ein Garten, zugebunden
wie mit dem Riemen
der Pferch für die Ziegen.

Dein Fuß, deine Hände,
die banden und lösten,
in der Wortgeschichte verloren,
meine Schwester, Braut,
im verschlossenen Garten.

IM ZELT

Mit den Händen denken –
die Arme hinauf, den Hals,
borstig und rauh
wie ein Böcklein.

Mit den Händen
im Gestrüpp,
die Male, die Mahle
zwischen den hungrigen

Fingern. Du bists,
ja du,
dein Geruch,
und »die Geister verstorbener Farben«.

Mit den Händen sehen,
was er nicht sieht,
bis wahr war der Falsche. So
galt er.

LANDSCHAFT MIT HERDERS »PLASTIK«

Einmal
da zerschellten die Träume
an einem Sommergewitter –

da standst du
in strähnigem Haar,
unter nassem Gewand, »das

der Finger durchfühle«,
die Brüste im Wetter,

starr, ein
Bild
unter den tropfenden Lärchen.

TATSACHEN

Die Tanne, die sich festkrallt am Abgrund,
der Schutt, in dem deine Schuhe versinken,
der Schritt zu weit, zu kurz,
gehecheltes Denkgefühl
mit den Temposchwankungen
im Blick.

Wie es durch uns hindurchfuhr,
unberufenes Weiß aus den Lüften,
Lufttöne, Tallage, Nebel.

Die von deinem Blick leer-
gesaugte Stelle, sichtbar
die Stille.

JETZT

Unten der See, die Insel, da
die leere Lände, Mittagsglut.

Rebland. Das Gras ist geschnitten
und duftet für immer herauf –

Im Schattenstück unter der Linde
das Kleinvieh aus anderer Zeit.

Dieses Mal in der Stille
und unsre wachsende

Wortlosigkeit
vor der Klarheit.

DAS GRAS, der Duft von Heu,
die fast zerdrückten Blumen,

die Fliegen auf dem Pferdekopf,
die Luft, die sich nicht regt,

die Wolke, ungeheuer hoch,
von anderm Wind erleuchtet,

und dieses, einzeln weggewischt,
ist Unermeßlichkeit.

LEKTION

Gestotterte Leseübungen.
Mit den Fingern
folg ich der Blindenschrift
deiner Haut,
mit der Zunge.
Entziffre,
als müßt ichs auslesen
vor morgen.

PANSTUNDE

Tierleiberdampfen.
Die Hengstkoppel mit den Schattenkreisen
unter vereinzelten Bäumen.

Tierleiberdampfen, daß die
Grenzen verwischen.
Diese dir fremden Aufrichtungen.
Heliotrope.

Von Magie war die Rede,
von der Aufmerksamkeit der Sinne.
Die verwackelt mitgemeinten Zügel –
der Halt

im Ungewissen.
Tierleiberdampfen
und die unverhoffte Empfindung,
die durch ihr Fell zuckt
wie durch die eben noch reglosen Blätter.

Wir lasen und lernten. Der Himmel,
aufgeschlagen,
lag unten:
Kreis, Kugel, Lot und Maß.

NACH EINEM TAG, der uns nicht galt –
die Sonne süchtig, sich zu zeigen,
versengtes Gras, geplatzte Feigen –
ein Hohn auf unser stummes Bald.

Nach einem Tag, im Schatten kaum
ertragen, schwer wie schwere Pferde,
gelähmt, erloschen Luft und Erde,
vergessen Wachen, Schlaf und Traum.

Nach einem Tag, im Dunkel, in
der Kühle, flüchtig, Helligkeiten,
Erinnerung an Zeit und Zeiten,
nur Würmer geben Licht und Sinn.

MÄDCHEN

Warum dieses Mädchen das Schlangenfaß schleudert,
mit der weit ausholenden Rechten,
Blick und Mund entschlossen,
mit der Sicherheit einer, die trifft,
auf ein verlorenes Ziel –

Warum diese andere den Verfolgten erst herlockt,
mit Milch, nicht Wasser bewirtet, zudeckt
mit einer Decke, dann ihm
mit dem Hammer, gelassen,
durch die Schläfe den Zeltpflock schlägt,
die mit dem lieblichen Namen,
Wolkenzicklein –

Die Entscheidungskundigen,
in ihren toten Sprachen singend,
sind mit dem Schweigen beschäftigt.

NACH CHAR

Auf dem Zifferblatt des Ebenbilds
rucken die Stunden vor.

Einmal wird dein Gesicht sein,
was es ist.

SPÄTER

Die verschiedenen Entfernungen
im Gegenlicht überm See,
die Spur der Schiffe,
die sich längst verlor.
Nebellaken
vor die Welt gehängt.
Ein schwarzer Rückenakt
ist die Unendlichkeit.

WOLKEN

Wie brandig da das Flittergold verläuft,
versengte Himmelsrollen, und mit keinem Deuter
kannst du die Konsonanten dir zusammenstoppeln.

MITTAG

Windbaum, Luftbaum vor der Sonne,
leichter Zirrus wie verwurzelt.
Abgehängte Engelsflügel,
Spitzen zittern wie Getreide,
wie der Hauch der lichten Flocken
diesen Mittag streift.

MORGEN / FRÜH

Im Garten die Halme
bündeln das Licht.

Aus Feuer und Wasser das *eine* Wort:
Himmel.

SOLITUDO

So bleiben, eingesenkt
in die Liege zwischen den
ausgerissenen Brennesseln,
der alle Jahre umsonst
aufgerissenen Erde –

eine Wüste gemacht,
Frieden genannt –

den Blick
auf Höheres, die
tacitusgrauen Wolken
und ihre ewig
geänderten Wege.

Das Rauchzeug bei der Hand,
Wein und zu lesen.

VORBEIGEHN

Die alte Wühlkiste Herz
mit den Dingen, die keiner mehr kennt.
Familienromane, zerlesen
oder noch in ihren Klarsichthüllen.
Mit Blut geschrieben, Poeme
auf holzhaltigem Papier.
Befingerte Postkarten,
Fünfzigerjahre Italien,
unlesbar geworden die Schrift.
Unaufgeschnittenes.

Über die Jahre
hat es x-mal hereingeregnet,
ist es x-mal von der Sonne gebleicht worden.
Eigentlich immer Herbst.

Passagere Blicke
unter fiebrigen Fingern.
Selig scheint es,
das Wühlen,
für den Moment.

DIE SPITZENKLÖPPLERIN

Ins Werk ihrer Hände vertieft,
das nur sie sieht
unter wie geschlossenen Lidern.
Unter der Helle der Stirn.

Schlafreste. Herzknäuel. Rot.

Ins Werk deiner Hände vertieft,
als gings dich nichts an,
woher die Fäden kommen
in deinem Selbstunterricht im Wahn
des Ordnens,
was du in die Hand nimmst.

Glück ist kein Wort.
Liebe auch nicht.
Was dann?

Nur wir zwei, Mädchen,
in der uns zugejubelten Zeit.

FENSTERQUADRAT

Schnell notiert, wie sie fliegen
mit den Unbegreiflichkeiten
der Sofortkorrektur,
das Zickzack der Schwalben
gegen Abend,

mit der Pfeilsicherheit,
daß es kein Ziel gibt
im Zeichengestrüpp.

Entwürfe
flüchtiger Konstellationen,
gehuschte Einsprüche gegen die Sterne.

Erst zuviel und
schon vorbei.

SPÄTSOMMER

Mit dem stereometrischen
Sehsinn der Wespen
das Feld abknipsen, belichten
das Erinnerungsvieleck für später:
ergaukelte Fixpunkte
in der Luft,
sichelgenau.
Bis das Stichwort einfällt
überm Tisch mit dem Fleisch,
spürst du den Stachel
von gestern.

SPANNE

Die Zigarette Zeit,
die ab- und zu-
geteilte Frist
zum Pflanzen,
zum Ausreißen,
die Tage, Tage
in einem anderen Land,
oder der Kringel
zwischen zwei Gedanken
auf einem First
mit Achtzehn,
die schräge Welt
dir zu Füßen.
Süchtig,
sie festzuhalten, fest,
in den pfeifenden Lungen
der Aufschub. Du
lernst es nie.
Aschenhäufchen
auf den verstreuten,
den leer gebliebenen Blättern
unter der Lampe.
Was mehr war,
zieht befreit
in den Himmel.

PHLOX

Wie der Herzschlag,
stoßweis am Zaun,
gegen den unmerklichen Atem
der Kühle
anflatternd,
flammend,
wie eine Braut
gegen den Herbst gelehnt
über den Zaun.

AS IN ALEPPO ONCE

Warum rechten –
es ist, wie es ist.
Meinst du, es brächten
Gründe ans Licht

woher die Wut,
woher die Liebe,
wozu der Mut,
wenn Chaos bliebe?

Dein Weidenlied
klagt stumm für sich,
was keiner noch erriet.
Und du fragst dennoch – »Mich?«

Ein Strich, ein Schnitt –
so fern, so nah –
Othellos Kitt,
Desdemona.

Alter Sänger

Was mußtest du zurückschaun –
du wußtest,
wer hinter dir herging
und was auf dem Spiel stand.

Aber die Stille, die lungenlose.
Die versteinerten Fragen
in der lichtlosen Unzeit.
Eine Hand hat sich vom Arm gelöst.

Da kamen Schwalben geflogen,
die flogen nach Haus,
da war ein nie gehörter Ton
unter den Klangfarben des Schattenlands,

da irrte dein Blick und traf
ihre nicht mehr erreichbaren Augen
im menschenleeren Gesicht,
und sie zerging an eines anderen Hand.

...

Ohne Hoffnung, ohne Verzweiflung,
für Tiere und Bäume gesungen
und klagende Ufer.

MITTLERES ALTER

Betrunkener Silen, stiernackig, spottbekränzt
mit rotem Maulbeersaft, gefesselt von dem eigenen
   Gebinde,
auf den Knien, das lose Fleisch, das lieben möchte,
   könnt es,
geschrumpft zur Schau gestellt vor aller Welt, singt,

und singt es aus ihm, nur so kann er singen,
gebunden und genarrt,
was es in dieser Frist zu singen gibt,
kaukasische Adler, immer noch, was Stein bleibt

in den Menschen und was Wahnsinn ist, die Lieben
eines Mädchens zu einem weißen Stier,
»auf Hyazinthen gebettet die schneeige Flanke«,
Echos nachsingen im Körpergedächtnis, Bilder von
   Stimmen

im hechelnden Atem des Wissens, endlich, nachträglich,
in einem verfetteten Leib in gebundener Sprache. Im
   stieren Blick
den Ursprung der Welt.

(Vergil, 6. Ekloge)

VELÁZQUEZ, GÓNGORA, 1622

Der Mund zusammengepreßt, schiefgezogen: skeptisch, eigentlich angeekelt. Wenn Wörter kämen, blieben sie im Kopf.

Lichter Altmännerschnurrbart, noch nicht ergraut, Höckernase. Die Lider leicht entzündet, das Rot der alten Leidenschaft wenigstens da.

Das linke Auge ganz im Schatten: in der Nähe leuchtet aus der Verhangenheit/Vergangenheit etwas wie eine glühende Pupille. Das prüfende rechte Auge ganz opak: ist Dem-da, vielleicht dem Vierundzwanzigjährigen, der ihn da malt, zu trauen?

Riesige Stirn, die Stirn, nicht übermäßig zerfurcht, weil auch das vielleicht gegen ihn spräche. Dafür das Stimmengewirr aus Grau-Schwarz. Buckelschädel.

Am rechten Ohr oben, zwischen Wange und Schädelrundung, großer braun-schwarzer Leberfleck, die Haut zum Ohr hin freirasiert, wie um diesen Fleck auszustellen.

Langes Gesicht, im Hofdienst immer länger geworden. Gelbliches Inkarnat, vielleicht die Leber, die Milz.

PONTUS

Mein Lied, mein freundliches
Exil mit den langsamen
erst noch zu lernenden Sätzen
in der verschobenen Zeit.

Leichtes Gepäck
und noch immer zuviel,
leichter
nach jedem Transit.

Dankbar für das Geringste,
das auf dem Schutt vor sich hinblüht
und das die Wörter umgaukeln,
da ihm der Name noch fehlt.

Von den Zwängen nur
die selbstauferlegten.
Verantwortungslos.
Als hätt es das Jahrhundert nicht gegeben.

LETZTES SELBSTPORTRÄT MAX LIEBERMANNS

Das Denkband zwischen den Augen
unter dem alten Strohhut:
vor dir, was war,
hinter dir, was ist.

Der Blick
wie ausgehaltene Töne.
Kein Strich zuviel,
keiner zuwenig:

die Mühen der Selbst-
verständlichkeiten –
was gewesen sein wird,
rufst du noch einmal herauf

mit der umbänderten Hand wie
von vorn:
Höre ...

es singt
dein Licht.

HÜTTE

Rechts Pinienartiges, Gestrüpp
über der ausgebrannten Erde
Mitte Oktober.
Der Himmel blau,
als drohte in der Welt kein Gewitter.

Wundgerieben
die Leinwand,
bis sie sich füllte
mit der blauen Leere der Tür
und dem Eingang zum Himmel.

Weitergemacht
unter den zerschlissenen Lebensfäden des Regens.
Dein Rechteck gegen Raum und Zeit gesetzt.
Dein Blau.
Das kein Regen wegwaschen könnende.

Hat auch das gesteuert,
der alles steuert,
der Blitz?

HOLZHACKEN

Spalten mit einem Streich,
was gewachsen war über die Jahre
sicher und stet, Ring um Ring.

Scheite. Ein Haufen.
Glatte Schnittstellen.

Wie sie blitzte, die Axt,
in der Spätherbstsonne.

Noch lange danach der beschleunigte Atem,
die zitternden Hände,
verschwimmenden Wörter.

ZÄUNE reparieren,
das Holz ersetzen,
wo der Nagel in Morsches schlägt.
Manchmal Draht und vielleicht
Streichen mit Vorgrund und Lack.

Reparieren, Ersetzen, Streichen
die Ordnungszeilen,
diese klamme Metrik
gegen schnürende Füchse
im kommenden Winter.

Zäune reparieren: bis hier
und nicht weiter. Es gibt
dahinter eine Welt,
die du draußenhalten willst,
notdürftig, streichend.

GEDENKGARTEN

Die Unzahl Hölzer,
von den Akazien zu den Zedern,
von der Yukka zum Buchsbaum
in einem
Gewann.

Umtriebe,
Umschriften.

Diese Mitteilungsbedürfnisse
von unter der Erde
durchs Sinngrün hindurch
mit anderer Zeichensetzung.

SPÄTHERBST

In der Zeitenkunde hast du
die Baumarten der Erkenntnis studiert.

Die Abermöglichkeiten
Blatt um Blatt. Jetzt

Echos nur noch. Auslaute
mit buntem Blättersegen.

Was wird gewesen sein?
Was kam? Was ging?

Unbemerkt eingerollt das Firmament
und aufgerollt das weiße Pergament.

Hadrians Grabspruch

Du Seele du Schweiferin Schmeichlerin
Leibes Gespielin und Gastin
Die du nun eilst in die Weite
Die Bleiche die Blache die Starre
Nicht spielst mehr die Spiele wie einst.

ES BRAUCHTE JA – wieviel? –
nicht viel.
Nicht mehr verstehen wollen:
sehn.
Es brauchte ja kein Ziel.
Nur Spiel.
Und wenn wir sehen *sollen*:
gehn.

IN ANDERN

In andern magst du finden,
was du in diesen suchst,
den Zeilen, die verschwinden,
da du sie eben buchst.

Was ist denn da geblieben –
du zählst und zählst es nicht
(die Ängste, Haltungen, Lieben
sind Stoff fürs Jüngste Gericht):

Ein Blick, ein Satz, ein Scherben
aus kleinasiatischem Sand –
schon unlesbar die Kerben,
weil, was sie schlug, entschwand.

Von anderm ist die Rede
als dem, was uns bewegt.
Die Zeilen: stumm. Und jede
schreibt fort, was längst ausgelegt.

DIE VIELEN verlegten,
die Zettel, die Sprüche,
die berühmten
Wäscherechnungen,
Bierdeckel.

Wie schön,
das eine oder andere davon
aufgehoben zu finden
in diesem Buch
oder jenem.

INHALT

Vor Morgen, flüchtig	5
Fiat	6
Fünfter Tag, nach Tintoretto	7
Präludien	8
Im Anfang	9
Tobias' Hündchen	10
Die Dezemberäste	11
Der kleine Junge	12
Auf Schuttkegeln	13
März	14
Vorfrühling	15
Emilys Schrift	16
Translatio	17
Dreiländereck, Banjas	18
Mai	19
Nur	20
Dichterinnenleben	21
Degas, Porträt der Mme. Olivier Villette	22
Bild eines Dichters	23
Colon	24
Sommer 1940, Photographie	25
Großmutter	26
Da war ein Junge	27
Sommer 1945	28
Mutprobe	29
Umsonst	30
Es ist ein Garten	31
Im Zelt	32
Landschaft mit Herders »Plastik«	33
Tatsachen	34
Jetzt	35
Das Gras	36

Lektion	37
Panstunde	38
Nach einem Tag	39
Mädchen	40
Nach Char	41
Später	42
Wolken	43
Mittag	44
Morgen / Früh	45
Solitudo	46
Vorbeigehn	47
Die Spitzenklöpplerin	48
Fensterquadrat	49
Spätsommer	50
Spanne	51
Phlox	52
As in Aleppo once	53
Alter Sänger	54
Mittleres Alter	55
Velázquez, Góngora, 1622	56
Pontus	57
Letztes Selbstporträt Max Liebermanns	58
Hütte	59
Holzhacken	60
Zäune	61
Gedenkgarten	62
Spätherbst	63
Hadrians Grabspruch	64
Es brauchte ja	65
In andern	66
Die vielen	67

KLAUS REICHERT, geboren 1938, unterrichtet englische Literatur an der Universität Frankfurt. Zahlreiche Publikationen. Übersetzer u. a. von Robert Creeley, Charles Olson, William Shakespeare und John Cage, Herausgeber u. a. von H. C. Artmann, James Joyce und Virginia Woolf. 1992 erschien sein Gedichtband »Kehllaute«, 1996 »Das Hohelied Salomos« (Übersetzung und Kommentar)